AF227062

ESSAI

SUR

LE PRINCIPE ET LES LIMITES

DE LA

SOUVERAINETÉ,

ACCOMPAGNÉ

DE QUELQUES RÉFLEXIONS SUR L'ÉTAT ACTUEL
DU GOUVERNEMENT EN FRANCE;

Par Besuiev.

PRIX : 75 CENTIMES.

A PARIS,

Chez
- DENTU, au Palais-Royal, galerie neuve;
- DELAUNAY, au Palais-Royal, galerie de pierre, n. 182;
- MÉQUIGNON-HAVARD, rue des Saints-Pères, n. 10;
- BRICON, rue du Vieux-Colombier, n. 19;
- L'AUTEUR, rue Grenétat, n. 12. _

1830.

IMPRIMERIE DE J. L. BELLEMAIN,
rue Saint-Denis, n. 268.

AVIS.

En offrant au public nos réflexions sur la souveraineté et sur l'état actuel du gouvernement en France , réflexions auxquelles nous aurions pu donner de plus longs développemens si les événemens ne nous avaient engagé à les publier dès à présent, loin de redouter la critique, la contradiction, nous l'appelons de tous nos vœux. Dans un ouvrage que nous avons publié sur les preuves de la religion (1), nous avons déjà provoqué les philosophes incrédules à discuter *contradictoirement* avec nous les grandes questions du christianisme. Rien ne nous paraissait et ne nous paraît encore plus propre à assurer le triomphe de la vérité, à montrer la véritable force des deux partis qu'une telle controverse, où l'on trouverait pour ainsi dire en regard les preuves et les difficultés exposées dans toute leur force, où les deux causes auraient chacune leur défenseur, où l'on ne pourrait rien dissimuler, rien atténuer.

(1) *La Religion démontrée par les preuves de faits et de sentimens.* 2 fr. Chez Méquignon-Havard, rue des Sts.-Pères, n. 10.

Rien ne saurait offrir à l'homme impartial, ami sincère de la vérité, un moyen plus facile et plus sûr d'asseoir un jugement, de fixer son opinion.

Nous proposant donc de publier un recueil périodique de débats *contradictoires* sur des questions philosophiques et politiques, nous engageons de nouveau ceux de nos écrivains philosophes qui auraient quelques difficultés à opposer aux principes que nous avons établis dans notre traité des preuves du christianisme ou dans l'ouvrage que nous publions aujourd'hui, à nous les adresser (1). Plusieurs personnes nous ont déjà fait l'honneur de nous communiquer quelques objections auxquelles nous nous sommes empressé de répondre. Nous répondrons de même directement aux personnes qui nous feront le même honneur, en attendant que nous offrions au public ces débats vraiment intéressans.

La vérité ne brille jamais avec autant d'éclat que quand elle sort du creuset de la contradiction.

---

(1) Affranchir les lettres.

ESSAI

SUR

LE PRINCIPE ET LES LIMITES

DE LA

SOUVERAINETÉ,

ACCOMPAGNÉ

DE QUELQUES RÉFLEXIONS SUR L'ÉTAT ACTUEL
DU GOUVERNEMENT EN FRANCE.

Les peuples ne sont pas la propriété des rois ; mais les
rois ne sont pas les serviteurs des peuples. BATTEUR.

———⋙✦⋘———

Une lutte dont tous les amis de la paix et de l'ordre ont à
redouter les suites, vient de s'engager en France entre deux
des trois pouvoirs de l'État. La Chambre élective a déclaré
que, l'unité de vues nécessaire pour la marche régulière des
affaires n'existant pas entre elle et l'administration, elle re-
fusait de concourir à la confection des lois avec les ministres
de la couronne ; et le Roi, décidé à maintenir sa prérogative
de ne confier son autorité qu'à des hommes de son choix,
vient de proroger cette Chambre. Quelle sera maintenant
l'issue de cette lutte ? Les prétentions de la Chambre sont-
elles légitimes, et le Roi doit-il céder à ses plaintes et à
celles d'une nouvelle Chambre qui se montrerait animée
des mêmes sentimens ? ou bien sont-elles injustes, attentatoires à la prérogative royale ? Si, dans le cas où elles
seraient injustes et où la Chambre y persisterait, le Roi
voulait aussi défendre sa prérogative légitime, que de-
viendrait alors le Gouvernement ? Qu'aurait à faire, pour

sauver la société, celui que la loi fondamentale reconnait comme le chef suprême de l'État, chargé de faire des ordonnances non seulement pour l'exécution des lois, mais encore pour la sûreté de l'État? Telles sont les graves questions qui occupent maintenant tous les esprits. On voit qu'elles se rattachent aux premiers principes sur lesquels est fondé l'ordre social, qu'elles tiennent à la nature même, à la source de la souveraineté. Qu'il nous soit donc permis, avant de les discuter et de les résoudre, d'établir les principes vraiment conservateurs des sociétés, et de combattre les maximes anti-sociales que leur opposent ceux qui cherchent à persuader au peuple que si ses droits écrits sont violés, il doit alors recourir à ses droits naturels (*Constitut.* du 13 août 1829), et qui ne craignent pas d'appeler la religion même à l'appui de leurs absurdes théories, la souveraineté du peuple. (*Gazette des Cultes* du 20 mars.)

L'homme est né pour l'état de société, puisque l'auteur de la nature a mis en lui une inclination à vivre en société avec ses semblables, et qu'il lui a donné des facultés qui ne peuvent se perfectionner, se développer même que dans l'état social. Si les hommes étaient exempts de préjugés et de passions désordonnées, s'ils étaient éclairés sur leurs véritables intérêts et toujours portés à suivre les lois de la justice et de la vertu, aucune loi, aucune force coactive, aucune punition ne serait nécessaire; une liberté entière, une harmonie parfaite régnerait dans la société. Mais l'homme n'est pas par sa nature assez parfait d'esprit et de cœur pour vivre dans une liberté absolue. La société ne saurait donc se maintenir sans souveraineté, et tout le monde en convient: tout le monde reconnaît la nécessité de lois politiques, civiles et pénales. Il faut un Gouvernement qui ait la force en main pour protéger les citoyens paisibles, et frapper les perturbateurs de l'ordre. Mais quel est le principe, quelle est la source de cette souveraineté? Voilà sur quoi on est loin de s'ac-

corder, les uns mettant le principe de cette souveraineté dans le peuple, qui la confie au prince, et qui, par
conséquent, peut la lui ôter quand bon lui semble, les
autres donnant à la souveraineté une plus haute origine,
et la faisant descendre de la divinité même. Cette dernière opinion est celle que nous partageons, et que nous
allons essayer de défendre.

1° L'homme ne crée rien ; tout vient de Dieu ; tout
prend sa source dans ce principe éternel des choses. Le
pouvoir souverain nécessaire à l'état social vient donc
aussi de Dieu, auteur et conservateur de la société.

2° Le souverain a le droit de faire des lois et de punir
même de mort les violateurs des lois qu'il a portées ; mais
ce pouvoir ne peut venir que de Dieu, qui est le suprême
arbitre de la vie et de la mort. L'homme n'a de lui-même
aucun droit ni sur la vie de son semblable, ni sur la
sienne propre. Dire que le criminel doit être considéré
comme ennemi de la société, et qu'en le faisant mourir
on est dans le cas où le droit de la guerre est de tuer le
vaincu (1). C'est supposer que le droit de tuer le vaincu
appartient à l'homme, tandis qu'il n'appartient qu'à Dieu,
suprême arbitre de la vie et de la mort ; c'est bien prouver que le souverain a le droit de frapper de mort le perturbateur du repos public, mais non qu'il tienne ce pouvoir de lui-même ou de tout autre homme. C'est poser en
principe ce qui est en question.

On dira peut-être que la société, en condamnant à
mort, est dans le cas d'un particulier qui, pour sauver sa
vie attaquée, frappe volontairement de mort son adversaire. D'abord une telle action est-elle vraiment bonne ?
Nous croyons qu'elle est seulement excusable, puisque celui
qui, au risque de sa vie, aimerait mieux que le meurtre,
que l'empiétement sur l'autorité de Dieu arrivât par le
fait d'un autre que par son propre fait, agirait d'une ma

----

(1) Contrat social, p. 68.

nière plus conforme à l'ordre, ferait incontestablement mieux que celui qui, pour conserver sa vie, tuerait volontairement son adversaire, en s'arrogeant un droit sur la vie de son semblable. Mais en supposant que l'homme attaqué à mort dût prévenir son adversaire, le maintien de l'ordre social n'est pas précisément la vie de l'homme : il n'y a pas le même rapport. D'ailleurs, qui oserait déterminer jusqu'à quel point la sûreté de l'État doit être compromise, pour qu'on puisse, sans être homicide, frapper de mort un de ses membres? Le grand Être, auteur et conservateur de la société, a dû lui donner un droit plus certain, plus positif. Dieu veut que les hommes vivent en société ; mais il n'a pas donné à chacun d'eux un droit sur la vie de son semblable. Qui veut la fin veut les moyens, dira-t-on. Donc il a donné le droit de souveraineté, qui comprend celui de punir de mort ; mais on ne doit pas conclure de là que chaque particulier ait ce droit par sa propre nature. Deuxième preuve de la source divine du pouvoir souverain et de l'absurdité du dogme de la souveraineté du peuple.

3° Les raisons qui nécessitent le pouvoir souverain pour le maintien de la société, je veux dire les préjugés et les passions des hommes, veulent aussi que ce pouvoir soit limité. Le souverain et le sujet ont donc chacun, l'un à l'égard de l'autre, des droits et des devoirs stipulés par des lois fondamentales. Aucun souverain ne saurait donc avoir un pouvoir illimité et qui ne souffrît aucune garantie pour les sujets contre les abus d'une telle autorité. Nul ne peut donc avoir en lui-même la source et la plénitude de la souveraineté ; une souveraineté qui entraîne le droit de l'insurrection et des massacres. Or, telle est celle que donnent aux peuples nos reformateurs modernes. Bentham, ministre protestant (1), dit qu'il faut recon-

---

(1) C'est au protestantisme que nous devons la découverte de ce principe aussi anti-religieux qu'anti-social.

naître en politique une autorité (celle du peuple) supé-
rieure à toutes les autres, qui ne reçoit pas la loi, mais
qui l'impose et demeure maîtresse des règles mêmes
qu'elle s'impose. Jurieu, autre ministre protestant, dit
que le peuple est la seule autorité qui n'ait pas besoin
d'avoir raison pour valider ses actes politiques. Ainsi le
premier intrigant pourra, en invoquant la liberté, en
remuant les passions de la multitude, en l'abusant par
la flatterie et le mensonge, ce qui ne lui sera pas difficile, puisque, selon Voltaire, il n'y a que la centième
partie du genre humain qui pense; et que, selon Rousseau, le peuple ne raisonne pas; le premier intrigant,
dis-je, pourra soulever les masses et les entraîner dans
toutes sortes d'excès. Qui pourra alors modérer l'effervescence des esprits? qui pourra s'opposer aux emportemens d'une populace mutinée? On s'efforcerait vaine-
ment d'arrêter le mouvement de ces masses souveraines;
on serait entraîné par le torrent. Nous avons encore tout
près de nous un exemple bien terrible de la sotte igno-
rance, du despotisme féroce d'un peuple qui croit avoir
en lui la source de la souveraineté. Fut-il jamais en effet
un tyran qui exerçât, en si peu d'années, tant d'horreurs,
tant de ravages, tant de massacres qu'en a exercé le
souverain qui a gouverné la France pendant notre tour-
mente révolutionnaire? c'est-à-dire le peuple, ou plutôt
ceux qui faisaient agir les masses aveugles et fanatisées,
car c'est toujours ainsi que le peuple gouverne.

Ce sont là des abus, diront les partisans du dogme
que nous combattons. Ceux qui prétendent exercer un
pouvoir de droit divin n'ont-ils donc jamais abusé de leur
autorité. Non, ce ne sont pas là des abus, ce sont des
conséquences nécessaires du monstrueux principe qu'ils
soutiennent. Si quelques souverains ont tyrannisé leurs
peuples, ils violaient alors la loi divine dont ils tenaient
leur autorité, et qui leur avait prescrit des limites qu'ils
ne craignaient pas de franchir; ils abusaient véritablement

de la force qui leur était confiée ; tandis que les désordres de notre révolution ont dû nécessairement arriver, parce que le peuple a cru avoir en lui la source de la souveraineté, une souveraineté absolue, illimitée. Il a dû s'insurger pour punir, en qualité de souverain, ce qu'on lui a fait voir comme injuste et punissable. Et pourrait-on lui faire un crime de s'être laissé tromper, quand on le reconnaît incapable de raisonner? Il a dû employer les moyens qu'il a crus les plus sûrs pour renverser ce qui, à ses yeux, n'était qu'une usurpation de ses droits et un désordre. S'il fût demeuré tranquille et n'eût pas agi d'une manière efficace, il n'eût pas rempli ses devoirs de souverain.

Le Gouvernement despotique est assurément contraire à la raison, à la loi divine, si on le considère comme absolument illimité ; mais il ne me paraît pas aussi absurde, aussi fécond en conséquences funestes que la souveraineté absolue dans le peuple. On peut plus facilement éclairer l'esprit du despote et modérer ses emportemens, qui ne causent jamais d'aussi grands ravages et ne sont jamais aussi funestes que les fureurs d'une populace aveugle et sans frein. D'ailleurs un despote a toujours à craindre la révolte de ceux qu'il tyrannise ; tandis que les masses ne craignent rien et n'ont rien à craindre : et encore y a-t-il jamais eu un Gouvernement véritablement despotique? Montesquieu observe que ceux du Levant n'ont pas eu un pouvoir tellement illimité qu'il ne fût pas modéré par l'esprit de la religion.

Rousseau, il est vrai, ne parait pas pousser les choses aussi loin que les ministres Jurieu et Bentham ; il ne croit pas que les masses aient le droit de s'insurger pour revendiquer leurs droits usurpés ; mais ces ministres et les régénérateurs de 93 raisonnaient, je crois, mieux que Rousseau, qui n'est pas plus conséquent en politique qu'en religion. Selon ce philosophe, le peuple souverain fait les lois ; mais il doit les faire exécuter par ses magistrats. *La volonté générale, dit-il, qui fait la souveraineté, doit partir de tous pour s'appliquer à tous, parce que quand elle tend à quelque objet individuel et déterminé, elle perd sa rectitude, et que, jugeant d'un fait étranger, elle n'a aucun principe d'équité qui la guide.* Mais le pouvoir exécutif n'appartient-il pas à la souveraineté comme la puissance législative ? Ces paroles de Rousseau peuvent bien être une maxime de politique, mais non une règle de droit. La volonté générale a donc toujours le pouvoir d'agir : Ses actes n'en sont pas moins valides quand ils n'ont rapport qu'à des individus. Elle doit même agir par elle-même dans un cas pressant, quand il faut recourir aux moyens les plus prompts et les plus efficaces. Et quels cas ne sont pas pressans ? quelles formes judiciaires ne sont pas trop longues pour une multitude aveugle et soulevée ? D'ailleurs le peuple, comme souverain, n'a-t-il pas le droit de se constituer magistrat suprême, ainsi que le reconnaît Rousseau ? Vouloir l'assujétir à des formes qu'il se serait imposées serait une contradiction, puisqu'alors on fonderait ces lois, ces limitations, ces formes sur la souveraineté, et que la souveraineté serait fondée sur ces formes et limitée par elles ; ce serait tomber dans le cercle vicieux. La puissance suprême doit être limitée : troisième preuve de la source divine du pouvoir souverain et de l'absurdité du dogme de la souveraineté du peuple.

4° Si le peuple est souverain de droit naturel, tous les individus doivent participer à l'exercice de la souveraineté. Les femmes, qui font la moitié de la société, ne peuvent être privées de ce droit. Ce droit pourtant ne leur est pas accordé par les partisans de la souveraineté du peuple. De plus les enfans, ou du moins les jeunes gens, devraient participer à cet exercice, car est-il juste de priver un homme doué d'ailleurs des plus grands moyens, d'un droit qu'il a par sa nature même, parce qu'il s'en faut de quelques mois, ou même de quelques jours, qu'il n'ait atteint un certain âge ? Mais s'il faut avoir un âge déterminé pour participer à cette souveraineté, ce droit n'est donc pas fondé sur une loi naturelle ; il repose donc sur des lois positives et sociales : et s'il est fondé sur des lois sociales, comment ces lois sociales peuvent-elles être fondées à leur tour sur ce droit de souveraineté ? Le prétendre n'est-ce pas tomber encore dans le cercle vicieux ? Quatrième preuve de la source divine du pouvoir souverain, et de l'absurdité du dogme de la souveraineté du peuple.

5° Mais ce qui prouve encore plus je crois la fausseté de ce dernier principe, ce sont les conséquences qui en résulteraient. En effet, si la souveraineté vient du peuple, le peuple ne sera obligé d'obéir qu'autant que le prince gouvernera à son gré ; il sera par conséquent juge des lois portées par le prince, et pourra les rejeter quand il le jugera convenable. De là les troubles, les dissensions, les révoltes, les insurrections, les massacres et la ruine de la société. Si le peuple exerce par lui-même cette souveraineté, les résultats n'en seront pas moins funestes. Rien n'est plus facile à entraîner dans toutes sortes d'excès qu'une multitude aveugle et sans règle. Chaque objet où elle croira voir quelque chose d'injuste, et un adroit ambitieux peut facilement lui faire voir de l'injustice dans les choses les plus justes et les plus légitimes ; chaque objet, dis-je, où elle croira voir quelque chose d'injuste, la fera lever en masse, et comme il est impossible de calmer l'effervescence d'un peuple soulevé, des flots de sang couleront, l'anarchie la plus affreuse régnera parmi ce peuple souverain : la société sera dans un état continuel d'agitation, chaque jour, chaque moment verra de nouvelles lois toutes contradictoires les unes aux autres, ou plutôt on ne fera rien, une partie du souverain détruisant ici ce que l'autre établira ailleurs. Mais, dira-t-on, on ne pourrait porter des lois qu'à certaines époques et en certains lieux. Voilà précisément ce qui prouve le plus l'absurdité du principe de la souveraineté du peuple. Voilà comment Rousseau détruit d'un seul trait de plume tout l'échafaudage qu'il a construit : « Hors de ces assemblées juridiques par leur seule date, dit-il, toute assemblée du peuple qui n'aura pas été convoquée par les magistrats préposés à cet effet et selon les formes prescrites, doit être tenue pour illégitime, et tout ce qui s'y fait pour nul, parce que l'ordre même de s'assembler doit émaner de la loi (1) ». Mais si le peuple a en lui-même le principe de la souveraineté, ne peut-il pas revenir, comme disent Jurieu et Rousseau lui-même, sur ses propres déterminations ? N'est-il pas contre la nature du droit politique que le souverain s'impose une loi qu'il ne puisse enfreindre ? Ne peut-il pas en s'assemblant révoquer la décision qu'il a rendue, en supposant qu'on soit parvenu à la lui faire rendre, de ne s'assembler qu'à certaines époques et lorsqu'il serait convoqué par ses magistrats, qui ne sont que ses subdélégués ? et n'y a-t-il pas évidemment ici contradiction ? n'y voit-on pas les lois sociales fondées, comme elles le sont en effet, sur le droit de souveraineté, et ce droit fondé à son tour sur les lois sociales et limité par elles ? Toujours le même cercle. Conséquences qui résultent de la souveraineté du peuple : cinquième preuve de l'absurdité de ce principe, et de la source divine du pouvoir souverain.

On objectera peut-être à tous ces raisonnemens, qui nous paraissent démontrer jusqu'à l'évidence que non-seulement le dogme qui consiste à croire que le peuple est souverain de droit naturel, que la souveraineté a sa source en lui, est déraisonnable et absurde, mais encore qu'un tel gouvernement est tout-à-fait impossible et ne pourrait se maintenir ; on objectera, dis-je, l'existence des anciennes républiques de Rome et de la Grèce. Mais d'abord toutes ces républiques ne fondaient la liberté que sur l'esclavage ; ce n'était chez ces peuples qu'intrigues, que corruption, que cabales, que guerres intestines, que révolu-

---

(1) Contrat social, p. 174.

tions. L'empire romain ne doit sa longue prospérité qu'aux guerres dont le peuple fut sans cesse occupé ; dès qu'il eut vaincu le monde, quand le peuple ne fut plus occupé par la guerre et la conquête, le vice de sa constitution se fit sentir, et l'orgueil, nourri par la gloire des conquêtes, chercha un autre aliment et devint un esprit d'intrigues et de factions. Dès-lors l'État fut bouleversé et devint la proie d'un despote. Mais quand même la constitution de ces peuples aurait pu se maintenir sans que les citoyens fussent distraits par d'autres objets extérieurs, cela ne prouverait rien en faveur du principe que nous combattons, car on ne voit nullement dans ces républiques, un droit naturel et par conséquent égal de souveraineté chez tous les individus. Sans parler des esclaves, il y avait dans ces États plusieurs ordres de citoyens. A Rome les patriciens et les plébéiens n'avaient pas les mêmes droits, n'exerçaient pas la souveraineté dans le même degré ; le peuple était partagé en six classes, dont la dernière, quoique plus nombreuse que toutes les autres ensemble, n'avait pas plus d'influence que chacune d'elles dans les affaires publiques. Partout les femmes et les jeunes gens n'avaient aucune participation à l'exercice de la souveraineté. Ces peuples n'étaient donc souverains qu'en tant qu'ils étaient constitués de telle ou telle manière ? Cette souveraineté n'était donc pas un droit dont le principe fût en chaque individu, qu'il tînt du seul fait de sa naissance, car ce droit eût été le même dans tous ? Elle n'était pas fondée sur la liberté illimitée, sur l'égalité absolue ; ce n'était pas la masse des individus, mais la nation qui était souveraine. Ces peuples exerçaient donc une souveraineté transmise, limitée, modifiée par des lois fondamentales, et qui par conséquent n'entraînait pas le droit de l'insurrection. Si les peuples n'avaient pas une idée bien nette de cette transmission, de ces limites de la souveraineté, du moins ils se conduisaient selon ces principes, se laissant diriger par les grands, et occupés d'ailleurs de contenir leurs esclaves et de combattre leurs ennemis extérieurs et intérieurs. Or telle n'est pas la souveraineté des réformateurs modernes ; cette souveraineté du peuple entendue en ce sens que chaque individu par le seul fait de sa naissance et de son incorporation au corps social, a droit à l'exercice de la puissance suprême, souveraineté qui a pour conséquences nécessaires l'égalité politique absolue, la liberté illimitée et le droit de l'insurrection. Ce système de gouvernement est donc non-seulement absurde, mais encore impraticable, et ne saurait être adopté par un peuple sans qu'il eût pour conséquences immédiates les plus grands désordres, l'anarchie la plus complète, les excès de toute espèce, les massacres et l'anéantissement du corps social ou le despotisme du premier ambitieux tenant sous un sceptre plus ou moins pesant une multitude presqu'entièrement démoralisée.

Ainsi toute puissance vient de Dieu, toute souveraineté émane de lui. Mais, dira-t-on, l'autorité des souverains sera-t-elle fondée sur une mission surnaturelle ? Faudra-t-il des prodiges pour marquer celui qui en est revêtu ? Non, il ne faut ni prodiges, ni mission surnaturelle pour fonder l'autorité des souverains ; elle repose sur des droits acquis. Comme l'autorité d'un père est fondée sur le fait de la naissance de ses enfans, celle du souverain est fondée sur son élévation ou sur celle de ses ancêtres à la souveraineté par la volonté divine, dont la voix du peuple est alors l'organe.

Si la voix du peuple, direz-vous, est l'organe de la volonté divine pour élire un souverain, pourquoi n'en serait-elle pas l'organe pour le déposséder ? Le cas est tout-à-fait différent. La souveraineté est nécessaire dans l'état social pour lequel nous avons vu que l'homme avait été créé ; mais le peuple n'ayant pas en lui-même le principe de cette souveraineté, ne peut être que le moyen, le canal par lequel Dieu la communique au prince. Cette souveraineté une fois communiquée, le peuple ne peut plus en déposséder sans injustice celui qui en est revêtu, car alors il agirait de lui-même et ne serait plus simple moyen pour l'établissement d'une chose nécessaire.

Il se présente maintenant une autre question à examiner. Le prince, en abusant du pouvoir, en tyrannisant ses sujets, peut-il perdre son droit à la souveraineté? Si les rois peuvent perdre leur droit à la souveraineté, Dieu seul est leur juge : la révolte contre l'autorité légitime est toujours criminelle. Mais la Providence qui sait tirer le bien du mal même, peut permettre les résistances, les soulèvemens des peuples, pour frapper les princes qui auraient abusé du pouvoir qu'elle leur aurait confié, comme quelquefois elle donne aux peuples des princes injustes et cruels pour les punir de leur impiété et de leurs crimes. Ainsi nous croyons que les souverains n'ont que Dieu pour juge; que la digue naturelle qui peut arrêter les emportemens des méchans princes, est la crainte que leurs injustices n'excitent les révoltes des peuples, qu'elles expliquent sans les excuser, comme l'abus de la puissance paternelle explique, sans l'excuser, l'insubordination des enfans. S'il en était autrement, si le peuple était établi juge des souverains, on retomberait dans tous les inconvéniens du principe que nous venons de combattre : le moindre abus, la plus légère injustice, ferait soulever les peuples sous prétexte que le prince a perdu son droit à la souveraineté.

Le souverain pouvoir peut être exercé ou par une seule personne, sous le nom de monarchie, ou par les principaux de la nation, sous le nom d'aristocratie, ou par la nation elle-même, sous le nom de démocratie; mais jamais cette souveraineté n'est tout-à-fait absolue, illimitée, indépendante, parce que la source, le principe de ce pouvoir n'est pas dans celui qui l'exerce, et que, comme tout homme peut se tromper, il est dans l'ordre que les gouvernés aient quelques garanties contre les erreurs des gouvernans.

Le pouvoir qui conserve, qui maintient la société, est le pouvoir souverain ; mais ce pouvoir, qui doit être fort et solide, doit aussi, pour qu'il ne puisse pas abuser de sa force, être tempéré par un pouvoir modérateur. Dans une monarchie, la souveraineté est dans le roi et les garanties sont ou dans un corps de magistrats indépendans, ou dans quelques franchises ou libertés de la nation. Dans une république, espèce de gouvernement qui ne convient qu'à de très petits États, qu'à des États « où règnent des mœurs simples, maintenues par une foi simple comme elles » ; dans une république, dis-je, la souveraineté est dans les principaux de la nation ou dans la nation elle-même, et les garanties sont dans une magistrature indépendante ou dans un gouvernement assez fort pour prévenir les écarts de la multitude, pour empêcher l'effervescence des esprits. Tous ces pouvoirs ont leur source en Dieu ; tous, lorsqu'ils sont établis, qu'ils ont obtenu l'assentiment général et acquis une continuité morale, sont comme sanctionnés par la Providence et ont par conséquent le droit de ne pas être détruits par violence ou par ruse. Tel est le dogme de la légitimité, principe aussi sacré, aussi éminemment conservateur de l'ordre, que celui de la souveraineté du peuple est absurde et incompatible avec le repos public, avec le maintien même de la société.

Il existe encore une troisième forme de gouvernement qu'on peut appeler mixte. Ainsi il peut entrer dans une monarchie des élémens d'aristocratie et de démocratie, et des élémens de monarchie dans une république ; mais dans aucune, les pouvoirs contraires ne sauraient être également balancés. On sent qu'alors la marche du gouvernement serait gênée, entravée et même tout-à-fait arrêtée, car deux forces égales et contraires s'opposent toujours l'une à l'autre et ne produisent aucun effet. L'unité de pouvoir est la base essentielle de toute société. Si l'opposition, si la contradiction est utile, la division, la lutte des pouvoirs est toujours funeste. Ainsi le gouvernement mixte doit toujours être une monarchie tempérée ou une république tempérée. Dans l'une comme dans l'autre, les pouvoirs modérateurs ne doivent pas avoir de droits opposés à ceux de la puissance souveraine. S'ils prétendaient avoir un tel droit, qu'ils le fondassent sur un article de la loi fondamentale, ce droit devrait être entendu non selon la lettre, mais selon l'esprit de la constitution, ou bien il ne devrait pas être exercé absolument. S'ils voulaient en faire usage contre la prérogative du souverain, ils seraient de droit déchus de leur existence politique et remplacés par d'autres pouvoirs modérateurs ; ce serait alors une preuve qu'ils n'auraient pas la sanction de la Providence, puisqu'ils se trouveraient en opposition avec un pouvoir plus élevé, plus essentiel, et par conséquent plus sacré qu'eux, puisque c'est suivre le principe qui ordonne de maintenir les pouvoirs légitimement établis que de sacrifier, si cela est indispensable, à ceux qui sont plus grands et plus nécessaires à la société, ceux qui leur sont inférieurs et qui ont moins d'étendue.

Si maintenant nous voulons raisonner d'après ces principes sur la lutte qui vient de s'engager en France entre deux des trois pouvoirs de l'État, nous aurons à résoudre ces deux questions : Premièrement est-ce le pouvoir monarchique ou le pouvoir démocratique qui est en France le pouvoir le plus grand, le pouvoir suprême, le pouvoir souverain ? La France est-elle une monarchie ou une république ? Et en second lieu, les prétentions du pouvoir démocratique sont-elles en opposition avec la prérogative royale ?

La première question n'est pas difficile à résoudre ; la France est une monarchie tempérée par quelques élémens d'aristocratie et de démocratie. Assurément le Roi législateur rappelé en France autant par les vœux de son peuple que par les droits de sa naissance, a bien voulu se démettre d'une partie de son autorité, concéder quelques droits à la nation ; mais il n'a pas voulu, il n'eût même pas pu abdiquer pour lui et ses successeurs, renoncer à sa couronne pour ne plus être que le président d'une république. La Charte qu'il a octroyée à ses peuples reconnaît que la France est une monarchie en appelant l'action des pouvoirs gouvernement du Roi et non gouvernement de la nation, en donnant au Roi l'administration des affaires, la part la plus importante à l'exercice de la puissance législative, et en le désignant comme le chef suprême de l'État, chargé de maintenir la société en veillant à sa sûreté et à sa défense.

Nous disons que la Charte reconnaît une monarchie, si toutefois on admet le principe de la majorité d'un des pouvoirs, car si l'on rejette ce principe, si l'on prétend que les droits sont absolus de part et d'autre, que la Chambre peut refuser les lois nécessaires, il ne peut résulter de la Charte qu'une république, ou plutôt elle n'est qu'une œuvre de contradiction, et cela dans ses articles même fondamentaux, puisqu'en donnant au Roi les plus hautes prérogatives, les principaux droits, elle les annulle entièrement, comme nous le verrons tout-à-l'heure, par les droits qu'elle concède au pouvoir démocratique. La royauté dès-lors ne serait qu'une fiction, l'État serait républicain. S'il en était ainsi, le Roi Louis XVIII en octroyant cette Charte, la France en la recevant de sa bonté, auraient été trompés, car ils voulaient une monarchie et non une république, et l'acte de donation serait nul.

Au terme de l'article 14 de la Charte, le Roi, chef suprême de l'État, déclare la guerre, fait les traités de paix et de commerce, veille à la sûreté de l'État, par conséquent nomme à tous les emplois et choisit ses ministres; or la Chambre des Députés en refusant de concourir avec les ministres de la couronne à la confection des lois, vient d'établir en principe (une autre Chambre devant avoir les mêmes droits qu'elle) que le pouvoir royal doit fléchir devant le pouvoir démocratique. Ce dernier pouvoir a donc outre-passé ses droits et cherché à empiéter sur ceux

du pouvoir monarchique, et cela lorsque les simples bienséances, lorsque le respect dû à la majesté royale devait
l'engager à suspendre l'exercice du droit de repousser les
ministres, quand même ce droit ne pourrait lui être contesté.

En effet, le ministère tombé du 8 août avait déjà laissé
se développer outre-mesure le principe démocratique contenu dans la Charte ; de nouvelles prétentions s'annon-
çaient encore : ce ministère ne pouvait plus tenir dans la
position où il s'était placé. « Les journaux, disait alors
le garde-des-sceaux, provoquent ouvertement la désobéis-
sance aux lois ; des brochures impies et séditieuses outra-
gent ce qui devrait être entouré de tous les respects ; et
ces tentatives criminelles, heureusement impuissantes jusqu'ici, pourraient devenir dangereuses si elles n'étaient
pas promptement réprimées ». « Nous marchons droit à
l'anarchie, » disait M. de Martignac. Alors le principe monarchique demanda qu'on vînt à son aide ; de nouveaux
ministres furent appelés pour le soutenir. Aussitôt un
déchaînement général se manifeste contre eux ; les coriphées du libéralisme, déçus dans leurs espérances de voir
le principe démocratique contenu dans la Charte s'étendre
de plus en plus, couvrir par conséquent et resserrer les
prérogatives de la couronne, poussent des cris de fureur
et de rage, cherchent à soulever l'opinion publique contre
les nouveaux dépositaires de la confiance royale par les
assertions les plus odieuses, « invoquent contre le gouvernement des mesures préventives, bien qu'ils pétendent
avoir de telles mesures en horreur, s'efforcent d'entraîner une population fidèle dans une association coupable,
nouvelle loi des proscrits, qui n'est pas dirigée contre les
seuls ministres, puisque la supposition d'une ordonnance
illégale n'entraîne pas l'idée d'un contre-seing responsa-
ble, mais qui calomnie cette main auguste que le peuple
ne connaît que par les bienfaits qu'elle répand ». Telles
sont les insinuations perfides, telles sont les manœuvres,
tels sont les obstacles que le Roi a signalés dans son dis-

cours et qu'il trouvera la force de surmonter dans sa ferme résolution de maintenir la paix publique, dans la juste confiance des Français et dans l'amour qu'ils ont toujours montré pour leurs Rois.

Nous disons : le Roi a signalé, et non le ministère; car bien que le Roi se charge dans son discours d'ouverture de dire aux Chambres les projets auxquels ses ministres se sont arrêtés, il se réserve aussi cependant, le droit de leur communiquer ses propres intentions. Quand le Roi dit qu'il est de l'intérêt de son peuple que telle ou telle loi soit rendue, on sent qu'ici ce sont les ministres qui parlent; car il est possible qu'alors même le Roi ne soit pas entièrement de cet avis : si la majorité de son conseil demande cette loi, par égard pour la responsabilité ministérielle, il suit le sentiment de cette majorité. Mais, quand après toutes les manœuvres, toutes les menaces employées pour le contraindre à renvoyer les dépositaires de sa confiance qu'il a appelés de son propre mouvement, choix dont les ministres ne peuvent avoir aucune responsabilité, il dit que ses droits sont sacrés, qu'il doit, pour l'intérêt de ses peuples, les maintenir, quand il déclare sa ferme résolution de surmonter, en se fondant sur la confiance et l'amour de ses peuples, les obstacles qu'on voudrait lui susciter; on sent alors que c'est le Roi qui parle, que ses paroles expriment ses propres sentimens.

Admirez, cependant, la logique des rédacteurs du journal des Débats, qui ont attaqué avec autant de force que les autres journaux libéraux, les derniers paragraphes du discours du trône, et qui disent que les lois municipales sont pour nous comme un droit acquis, que Charles X les a promises, que la France a pris acte de ces nouveaux bienfaits offerts par son Roi. Par les derniers paragraphes du discours du trône : *qui ne sont que la pensée des ministres,* (nous ajoutons ces dernières paroles, sans cela la proposition serait séditieuse, révolutionnaire au suprême degré) la France est attaquée dans ses droits, dans son honneur; elle a droit à une réparation (*Constit. du 4 mars*). — Les lois municipales sont pour la France un droit acquis, puisque le Roi, dans son discours *qui n'est pas la pensée des ministres*, les a promises. Nous prenons acte de ces promesses (*Débats du 27 avril*). Quel accord! quelle conformité dans les doctrines libérales! Pour nous, nous voyons dans le paragraphe qui parle de lois municipales, la pensée du ministère Martignac, qui ne saurait imposer au Roi aucune obligation ; et dans les derniers paragraphes du discours du 2 mars 1830, la pensée intime, l'opinion personnelle du Roi, et non la pensée ministérielle qu'on ne saurait trouver dans ce qui a rapport au choix des ministres.

Mais qu'avait-on à reprocher à ces ministres qui ont été attaqués avec tant d'acharnement? Rien. On ne pouvait élever aucune accusation contre les actes de leur administration. Plusieurs députés, dit le *National* dans son numéro du 8 mars, disposés à improuver le ministère, paraissaient embarrassés de trouver des motifs de blâme contre lui. On leur a reproché leur inaction; mais quels actes de haute politique pouvaient-ils faire au milieu des embarras et des obstacles qu'on n'a cessé de leur créer depuis qu'ils tiennent le timon des affaires ? En s'attaquant au ministère avant l'examen des faits, on s'attaque d'autant plus à la prérogative royale que le ministère n'a pas été appelé par l'avertissement des Chambres, mais par la volonté royale, se déterminant par elle-même. Ainsi le ministère, par le fait seul de la vocation du Roi, est entouré d'une présomption de capacité et de probité politique que ses actes seuls peuvent contredire. Demander son renvoi sans attendre ses actes, c'est même manquer aux simples bienséances : quand il y aurait méfiance de la Chambre, il y a confiance du Roi; il faut donc attendre les actes pour se décider entre ces deux opinions contraires.

On oppose aux ministres une défiance injuste contre la

France. Il existe, dit M. Dupin, une vive inquiétude qui trouble la sécurité du pays, et qui, si elle était prolongée, pourrait compromettre son repos. Cette inquiétude a sa source dans la défiance injuste que l'administration actuelle nourrit contre la France, et dans la défiance réciproque que la France a conçue contre les hommes à qui cette administration est confiée. Nous croyons, nous, qu'il y a défiance réciproque, non entre la France et le ministère, mais entre celui-ci et cette partie de l'opposition qui rêve la république ; défiance qui peut, à la vérité, s'être répandue par les odieuses assertions, les calomnies et les insinuations perfides des coriphées du libéralisme républicain, parmi quelques hommes franchement attachés à notre forme de Gouvernement, à la monarchie tempérée par des élémens d'aristocratie et de démocratie. Mais ce que nous ne pouvons concevoir, nous qui croyons que l'injuste défiance de l'opposition est la cause de celle des ministres, qui savons que ces insinuations perfides et calomnieuses, que cette association outrageuse pour le trône même, a précédé le discours de la couronne ; ce que, dis-je, nous ne pouvons concevoir, ce qui contraste avec le caractère de justice et d'impartialité de M. Dupin, c'est qu'il ait ajouté l'épithète d'injuste à la défiance des ministres, et celle de réciproque à celle de l'opposition, qu'il appelle celle de la France.

On a beaucoup parlé de la destitution de M. de Sesmaison, qui dans une élection avait voté contre le ministère. Nous croyons qu'alors le ministère était dans son droit. Tout fonctionnaire qui ne vote pas avec le Gouvernement, et qui par conséquent n'approuve pas ses vues, est peu propre à les remplir dans la charge qui lui est confiée. Il ne doit donc pas administrer avec lui, il n'y aurait pas unité de vues, régularité, accord dans la marche des affaires. Nous ne disons pas pour cela que ce fonctionnaire doit voter contre sa conscience, car alors il commettrait une double faute, il trahirait ses devoirs envers sa patrie, et il tromperait ceux qui ont mis en lui leur confiance, en leur faisant accroire qu'il a les mêmes vues qu'eux. Dire que ces principes conduisent à l'avilissement des fonctions publiques, à cause des passions des hommes qui préfèrent souvent l'intérêt de leur fortune à celui de leur conscience, et par conséquent à éloigner de ces fonctions tous les citoyens honnêtes. Ce n'est pas prouver que les ministres ne sont pas dans leur droit, c'est seulement montrer un des grands inconvéniens des gouvernemens mixtes, de ceux surtout où l'on voudrait établir une balance égale de pouvoirs contraires, et qui ne se soutiennent que par les cabales et la corruption. « Je pense, disait le président Jakson, lors de son arrivée au pouvoir, qu'il faut être sûr de tous les agens du Gouvernement; et comme tous les employés ont une action marquée, j'y ferai des changemens jusqu'à ce qu'ils aient tous les mêmes vues que moi. » «En même-temps que nous sommes dévorés par la fièvre électorale, dit M. de Chateaubriant, les autorités sont placées et déplacées, et cela doit être; car si l'opposition met tout en mouvement pour obtenir les suffrages, le Gouvernement doit faire tout pour les lui ravir. » Ce droit peut être d'autant moins contesté au Gouvernement dans les circonstances actuelles, qu'il ne s'agit de rien moins entre le pouvoir et l'opposition que des principes constitutifs de l'ordre social, que de l'essence même de la souveraineté, que l'oppositon engage le peuple à recourir à ce qu'elle appelle ses droits naturels, c'est-à-dire à sa souveraineté naturelle; qu'elle fonde l'autorité sur l'argent des contribuables, en faisant dériver de ces contributions le droit de critiquer, de censurer les actes de l'autorité. Ceux qui paient, dit le *Constitut.* du 9 mars, ont droit de savoir ce que font les gens qui manient *le pouvoir et l'argent des contribuables*, et s'ils sont dignes de confiance. Dès-lors, le Roi qui ne paie pas, qui est même payé, n'a pas ce droit d'examen; ou s'il le possède, il n'est que l'agent du peuple, que l'homme

de confiance de la nation , et soumis lui-même à son con-
trôle. La nation , par ses mandataires, a certainement le
droit d'examiner l'emploi que l'on fait de l'argent des contribuables; mais fonder ce droit sur le paiement des
contributions, c'est renverser tous les principes conservateurs de l'ordre, c'est établir le dogme absurde de la souveraineté du peuple (1).

Ceux qui ont été appelés, comme nous l'avons dit,
pour arrêter le trop grand développement du principe
démocratique, ont montré, dit-on, de l'opposition pour
le pouvoir populaire. Quand cela serait vrai, serait-ce
une raison d'exiger leur renvoi avant l'examen de leurs
actes? et, parmi ceux qui leur font ces reproches, n'en
est-il pas qui ont montré des répugnances, de l'opposition
et plus que cela encore pour les augustes princes à qui
nous devons les institutions qui nous régissent et qui n'ont
rien tant à cœur que d'en consolider le bienfait?

Ce n'est pas tant la destruction des libertés publiques et le
rétablissement du pouvoir absolu que craint le parti qui
rêve la république, et encore cette république fondée sur
le principe absurde et athée de la souveraineté du peuple;
ce qu'il craint avant tout, c'est que le bienfait de ces libertés ne soit consolidé par l'affermissement de la monarchie qui leur sert de fondement. Le Roi n'a pas laissé
le Gouvernement suivre une marche qui conduisait à la
république, à une nouvelle application de toutes ses belles
théories : voilà ce qui a remué sa bile, excité toute sa
fureur. Il ne craint rien tant que la marche régulière des
affaires dans le sens de la monarchie tempérée, mais forte.

---

(1) Dans un temps où nous lisions encore avec quelque plaisir les
articles du *Journal des Débats*, nous ne pouvions concevoir comment
des écrivains avec qui nous aimions à nous voir en conformité de
principes sous beaucoup de rapports, pouvaient admettre que les
gens qui paient ont par cela même le droit de critiquer et de censurer les gens payés. Nous eussions dû voir dans une telle doctrine le
prélude de leur prochaine défection.

Il craindrait moins une crise où le monarque, pour maintenir ses droits, pour sauver la société, serait forcé de recourir à quelques moyens extraordinaires; car alors il pourrait, sous ce prétexte, fomenter des troubles, exciter des révoltes : ce qui le prouve, c'est qu'au lieu de rester pour surveiller les ministres et s'opposer à leurs actes inconstitutionnels, les attaquer ensuite avec plus d'avantage et les forcer enfin à la retraite, il a mieux aimé les pousser lui-même à l'exécution des projets qu'il leur suppose, en s'engageant dans une démarche tout-à-fait inconstitutionnelle, en dépassant les limites de ses droits, et en entreprenant sur ceux de la couronne, car nonseulement le pouvoir démocratique a violé toutes les convenances en refusant de concourir à la confection des lois avec les ministres, mais il n'avait pas droit de le faire, puisque, comme nous l'avons vu, la France est une monarchie, que le pouvoir suprême, le pouvoir souverain réside dans le Roi; que par conséquent les droits des pouvoirs modérateurs, aristocratique et démocratique, doivent être interprétés selon l'esprit de la Charte, ou ne doivent pas être exercés absolument s'ils se trouvent en opposition avec les droits formels du souverain. Cette doctrine de la majorité d'un des pouvoirs a été reconnue et éloquemment défendue par l'honorable M. Royer-Colard, dans un discours à la Chambre des députés (séance du 12 mars 1816). Nous ne pouvons mieux faire que de rapporter ici les propres paroles de ce célèbre publiciste, de cet élu de la France.

« Je ne crois pas qu'il soit nécessaire qu'ici, comme en Angleterre, les ministres aient une majorité invariable et constante. Remarquons quelle est la différence constitutive de chacun des Gouvernemens. En Angleterre, l'initiative, qui est le principe de l'action, la haute administration et une grande partie du Gouvernement résident dans la Chambre des communes. Chez nous, le Gouvernement tout entier est dans la main du Roi; il n'a besoin du concours des Chambres que s'il reconnaît la nécessité d'une loi, et pour le budjet. Or, dans un pays où tant de lois ont été rendues, le cas où une loi nouvelle serait indispensable est une idée presque métaphysique. S'il existait en effet une nécessité absolue, nul doute que la Chambre n'adoptât la loi. Quant au budjet, ce n'est pas plus l'affaire du Roi que celle de la Chambre ; c'est l'affaire de la nation toute entière, car il y va de son existence. Le budjet présenté par le ministre peut souffrir des amendemens et des modifications, et cela dans l'intérêt du Roi et de l'État ; mais enfin il faut bien qu'il en soit adopté un conforme aux besoins de l'État. On ne peut supposer l'existence d'une Chambre qui, pour faire prévaloir ses vues particulières, ou son opposition au Gouvernement condamnerait la nation à périr par l'anéantissement ou la suspension des services publics. Si le cas pouvait arriver, ce serait alors qu'à bon droit, et bien sûr d'être entendu, le Roi s'adresserait à son peuple, qui l'aiderait à sauver l'État. J'irai plus loin et je dirai : le jour où le Gouvernement n'existera que par la majorité de la Chambre, le jour où il sera établi en fait que la Chambre peut repousser les ministres du Roi, et lui en imposer d'autres qui seront ses propres ministres et non les ministres du Roi ; ce jour là, c'en est fait non pas seulement de la Charte, mais de notre royauté, de cette royauté indépendante qui a protégé nos pères, et de laquelle seule la France a reçu tout ce qu'elle a jamais eu de liberté et de bonheur ; CE JOUR LA NOUS SOMMES EN RÉPUBLIQUE. Qu'on ne dise pas que c'est la nature du Gouvernement représentatif qui entraîne ces conséquences. Quelle est donc cette nature mystérieuse qui veut tant de choses ? Qui l'a définie ? Qui oserait la définir ? Si la France veut son Roi, comme vous l'avez répété souvent avec enthousiasme, la France veut aussi que son Roi le soit véritablement et qu'il ait le pouvoir de gouverner. Si la France a besoin de conseils publics pour éclairer l'autorité et pour la retenir dans les limites tracées par les lois, elle n'a pas moins besoin que son Roi soit assez puissant pour protéger son repos contre la turbulence et l'esprit d'innovation qui s'emparent si aisément des assemblées politiques. »

Ainsi, si par d'odieuses insinuations, par des manœuvres perfides on suscitait au gouvernement du Roi des obstacles auxquels la Chambre s'associerait par le refus de concourir à la confection des lois, ou par le refus du budget, ce serait à bon droit, selon M. Royer-Colard, et bien sûr d'être entendu, que le Roi s'adresserait à son peuple qui l'aiderait à sauver l'État ; car le budget n'est pas plus l'affaire du Roi que de la Chambre : c'est l'affaire de la nation entière ; il y va de son existence. Le pouvoir qui prétendrait avoir le droit de refuser sa coopération à la confection des lois nécessaires, et qui voudrait user de ce droit tendrait, par ce seul fait, à changer la forme du Gouvernement, à anéantir les institutions et la monarchie, à faire de la France une république. Ce pouvoir serait factieux et usurpateur, puisqu'il est établi pour voter les bonnes lois, rejeter les mauvaises, et non pour refuser de concourir avec les autres branches du pouvoir législatif ; pour surveiller les ministres et non pour les choisir ; pour les accuser s'ils les croit coupables de trahison ou de concussion, et non pour les juger ; pour amender et modifier le budget, et non pour détruire les institutions et la royauté, pour condamner la nation à périr par l'anéantissement.

Si, en exigeant que le budget fût voté par les Chambres, le législateur n'avait pas seulement voulu leur donner le droit d'y apporter des modifications, empêcher la perception de tout impôt qui n'y serait pas compris, s'il en résultait pour les Chambres le droit de refuser toute espèce de subsides, la Charte serait une œuvre de contradiction, puisqu'elle proclamerait une monarchie, et qu'elle n'offrirait en réalité qu'une république ; elle serait une déception politique. Le Monarque qui l'a octroyée, la France qui l'a reçue, eussent été également trompés.

Le gouvernement représentatif, dit-on, repose sur un système de concessions mutuelles; mais quelle réciprocité de concessions peut-il y avoir entre un pouvoir tout-à-fait indépendant et un autre qui est dépendant du premier et qui a sans cesse besoin de son secours? Or tel est le pouvoir monarchique en France à l'égard du pouvoir démocratique, si on n'admet pas le principe de la majorité des pouvoirs, si on accorde au dernier le droit absolu de refuser l'impôt et les lois nécessaires. La Chambre, dit-on, ne peut pas plus arracher de concessions que le ministère ne peut arracher de votes; si donc il ne fait pas ce que la Chambre demande, la Chambre ne fera pas ce que le ministère sollicite; s'il n'y a pas de concession de lois que la Chambre *supplie humblement* de présenter, il n'y aura pas de concession de budget; ainsi il existe une mutuelle action de l'une sur l'autre (*Constit.* du 4 mars). Mais comme la Chambre peut se passer de lois et que l'administration ne peut se passer de subsides, le pouvoir royal se trouve dans une entière dépendance du pouvoir démocratique. N'est-il pas aussi clair que le jour que le pouvoir qui peut accorder ou refuser l'impôt fait la loi, et que celui qui fait la loi est souverain? Il ne peut donc y avoir de réciprocité de concessions; ce système de concessions mutuelles, de balance égale des pouvoirs, est tout-à-fait impraticable.

Il faut dans tout état un pouvoir souverain fort et capable de se maintenir, puisqu'il doit maintenir la tranquillité publique, veiller à la sûreté de l'État : il doit souffrir la discussion, la contradiction de ses actes de la part des pouvoirs modérateurs; mais il ne doit jamais en recevoir la loi. S'il en est ainsi, dira-t-on, le pouvoir souverain deviendra despotique, il envahira tous les droits, les pouvoirs modérateurs seront sous sa dépendance et ne pourront exercer aucune action sur lui.

O hommes qui vous consumez en vains efforts pour trouver une perfection sociale qui n'est pas dans la nature, qui vous croyez appelés à tout renouveler, à créer une société neuve ! O insensés qui prétendez soustraire les hommes à la loi des consciences, qui voulez bannir Dieu de l'ordre social ! c'est bien ici qu'on voit tout le vide de vos théories absurdes, tous le néant de vos froides abstractions. Vous créerez des pouvoirs égaux, vous établirez un système de concessions mutuelles ; mais rien de plus chimérique que cette balance égale des pouvoirs, que cette réciprocité de concessions. En effet quelle loi, même divine, pourrait exiger d'un homme la cession d'un droit légitime, quand cette cession est contre sa conscience ? Dieu lui-même pourrait-il contraindre un prince qui a le droit de choisir ses ministres, à renvoyer ceux qui à ses yeux sont les seuls capables de sauver l'État ? Dieu lui-même pourrait-il contraindre un corps politique qui a le droit absolu de refuser l'impôt, de l'accorder cependant pour soutenir des hommes qu'il croit capables de bouleverser, de détruire la société ? La nécessité, dira-t-on, amènera ces concessions mutuelles. De deux choses l'une, ou la nécessité ne sera pas égale de part et d'autre, ce qui est le plus probable, et alors on ne conçoit plus de balance égale des pouvoirs, plus de réciprocité de concessions ; celui des pouvoirs qui sera moins dépendant, moins gêné, sera souverain (nous venons de voir qu'en France ce serait le pouvoir démocratique) ; ou la nécessité sera égale, et alors chacun des pouvoirs, certain que de la détermination qu'il a prise dépend le salut de la patrie, demeurera ferme et doit demeurer ferme dans l'exercice de son droit. Un pouvoir dira : mes résolutions sont immuables, l'intérêt de mon peuple me défend de m'en écarter (réponse du Roi à l'adresse de la Chambre des Députés) ; l'autre pouvoir dira : les prérogatives que la Charte *a reconnues* (1) aux deux Chambres, sont

______

(1) La Charte a reconnu les prérogatives de la couronne, qui existaient avant elle ; mais elle a donné, accordé celles des Chambres..... Toujours la république ! toujours la souveraineté du peuple !

(2) Si les seuls ministres qui conviennent aux princes ne convenaient pas aux Chambres, dit le *Constitutionnel*, de quel côté serait

placés sous la garde de l'honneur des Députés et sous la foi de leurs sermens (*Constit.* du 4 mars). Ainsi chacun de ces pouvoirs ne voulant et ne pouvant même céder, l'État périra, le lien social sera dissous (2). Ou bien vous donnerez à un des pouvoirs des prérogatives plus étendues qu'aux autres, et ce pouvoir que vous aurez affranchi de la loi des consciences, envahira les droits des autres et deviendra despotique. Pour nous, nous ne cherchons pas une perfection sociale à laquelle il n'est pas donné à l'homme de parvenir; mais nous fondons la société sur la loi divine, principe et sanction des droits et des devoirs respectifs des souverains et des sujets, car la société vit de foi ainsi que l'homme. Indépendamment de la loi divine, le prince, s'il est bon et juste, pourra encore être éclairé par les remontrances et les contradictions des pouvoirs modérateurs, dont il n'usurpera pas les droits; s'il était injuste et méchant, il saurait bien par la force se débarrasser de ces pouvoirs, quand même ils auraient des droits absolus contraires à sa prérogative, ou plutôt ces pouvoirs se garderaient bien de chercher à en faire usage. Enfin les mauvais princes pourront craindre que l'abus qu'ils font de leur autorité, que leurs usurpations, n'excitent les mécontentemens et les révoltes des peuples.

« Les lois, dit encore le libéralisme, n'ayant en général de force que celle qu'elles reçoivent des hommes auxquels l'application ou l'exécution en est confiée, le choix de ces hommes devrait appartenir à la puissance même qui fait ces lois ». Les lois sont faites collectivement par le Roi et par les deux Chambres; mais de manière que le pouvoir monarchique a plus de part que les autres pouvoirs à la confection de ces lois; c'est par lui qu'elles sont méditées d'avance, qu'elles sont élaborées, présentées selon les be-

---

le devoir de céder? Cette hypothèse, dit-il, est criminelle; elle est injurieuse pour le Roi et pour les Chambres; elle amènerait le renversement de nos institutions, par conséquent on ne peut l'admettre. Voilà une question admirablement résolue.

soins de la société ; c'est lui qui, après s'être éclairé par les discussions des Chambres, leur donne, s'il le juge convenable, la sanction législative. Ce pouvoir est donc le principal auteur de la loi ; il est plus pénétré de son opportunité ; il en connaît mieux l'esprit que les autres : c'est donc lui qui doit choisir les hommes à qui l'application ou l'exécution en doit être confiée. Le projet de loi est fait par le Roi et approuvé par les Chambres ; quelques amendemens sont faits par les Chambres et approuvés par le Roi ; or comme le fonds du projet, ce qui doit faire l'essence de la loi est beaueoup plus important que quelques modifications, il suit de là qu'en suivant même rigoureusement les conséquences du principe posé par le libéralisme, et sans avoir égard à l'article 14 qui déclare le Roi chef suprême de l'État, qui lui donne le droit de déclarer la guerre, de faire les traités, de nommer à tous les emplois, etc., il suit, dis-je, que les Chambres peuvent bien exercer quelqu'influence sur le choix de l'administration ; mais que cette influence ne doit être à celle du Roi que comme l'importance des amendemens votés par les Chambres est à celle du fond du projet de loi, de l'essence même de la loi. Voici au contraire la conséquence que le libéralisme tire de son principe : Ainsi tous les agens d'exécution sont nommés par un seul des trois pouvoirs ; mais ils ne peuvent vivre que par les deux autres. S'il en était ainsi, l'influence du Roi serait nulle dans le choix des membres de l'administration ; car le droit de nommer se réduit à rien quand un autre pouvoir a seul le droit de conserver et peut refuser ceux qu'on lui présente tant qu'il n'aura pas ceux qu'il eût choisis lui-même. Une telle conséquence peut-elle être légitimement déduite de ce principe : Le choix des hommes qui font exécuter les lois appartient à ceux qui font les lois. Et n'est-elle pas ensuite souverainement inconstitutionnelle ? ne viole-t-elle pas l'article 14, un des articles fondamentaux de la Charte, celui qui détermine les droits du premier pouvoir, du chef su-

prême de l'État, en faisant des Ministres du Roi les Ministres des Chambres, puisqu'ils seraient choisis selon leurs
désirs et qu'ils ne se soutiendraient que par elles; en
mettant ainsi la plénitude de la souveraineté, le gouvernement tout entier dans les Chambres, puisque les décla-
rations de guerre, les traités d'alliance et de commerce,
tout ce qui serait fait par les Ministres des Chambres serait fait par les Chambres elles-mêmes?

Ainsi pour que la Charte ne soit pas une œuvre de contradiction, pour qu'elle soit monarchique comme elle
paraît l'être, puisqu'elle appelle gouvernement du Roi
l'action des pouvoirs, puisqu'elle déclare le Roi chef suprême de l'État et qu'elle lui donne toute l'administration
des affaires; pour qu'elle ne soit pas une déception politique, que Louis XVIII l'ait octroyée, que la France l'ait
reçue sans erreur, il faut admettre la majorité du pouvoir
royal, il faut croire que la liberté du vote des lois et de
l'impôt ne doit pas aller dans les Chambres jusqu'à atten-
ter à la prérogative royale, jusqu'à s'emparer de la souveraineté, à faire du chef suprême de l'État un agent subal-
terne, ou plutôt à le mettre en tutelle, à en faire un Roi
de parade, puisqu'il ne ferait rien, que les Chambres fe-
raient tout par leurs Ministres.

Nous aimons à croire que les électeurs enverront des
Députés qui ne voudront pas outre-passer leurs droits en
refusant de concourir avec les ministres du Roi pour opé-
rer le bien qu'il se propose, pour consolider le bienfait de
la Charte par l'affermissement de la monarchie, sur laquelle repose les libertés publiques; mais si le pouvoir démocratique continuait à montrer les mêmes prétentions,
ces prétentions attentatoires aux prérogatives royales et
subversives de la constitution, que ferait le Monarque?
Ses droits sont sacrés, son devoir envers son peuple est de
les laisser intacts à ses successeurs; il trouverait la force
de surmonter les obstacles qu'on lui susciterait dans sa
ferme résolution de maintenir la paix publique, dans la

juste confiance des Français et dans l'amour qu'ils ont toujours montré pour leurs Rois.

Mais, disent les libéraux, ces obstacles seraient insurmontables. Si la Chambre refuse le budjet, au 31 décembre à minuit le gouvernement ne peut plus recevoir un centime d'impôt sans une violation de la Charte que le Roi a juré de maintenir à son sacre, et nous ajouterons, dont il vient encore de promettre de consolider le bienfait. Nous croyons, nous, que la levée de l'impôt nécessaire à la sûreté, à la conservation de l'État, ne serait pas alors une violation de la Charte, puisque d'abord elle n'existerait plus, puisque selon le *Constitutionnel* l'incompatibilité des pouvoirs amènerait le renversement de nos institutions, puisqu'elle aurait été détruite par le pouvoir usurpateur qui l'aurait violée dans un de ses articles essentiels, puisqu'en refusant le budjet ce pouvoir aurait, selon M. Royer-Colard, condamné la nation à périr par l'anéantissement. Quelle autre ressource resterait-il alors à la société menacée de mort que de recourir au pouvoir le plus essentiel, à celui dont les droits, selon l'expression même de la Chambre envahissante, sont d'autant plus sacrés que son antiquité est plus reculée ; au pouvoir souverain, à ce pouvoir éminemment conservateur, à ce pouvoir qui n'a pas entrepris sur les droits des autres, mais qui n'a fait que maintenir l'ordre en défendant sa prérogative.

La levée d'un impôt nécessaire à la sûreté, à la conservation de l'État, ne serait pas alors une violation de la Charte, puisque dans son article 14 elle donne au Roi le pouvoir de faire des ordonnances pour l'exécution des lois et même pour la sûreté de l'État. Nous ajoutons le mot même parce qu'il nous semble qu'en plaçant *pour l'exécution des lois* avant *pour la sûreté de l'État,* le législateur a voulu donner à ces derniers mots un sens beaucoup plus étendu qu'aux autres ; qu'il a voulu faire entendre que le salut de l'État étant la chose la plus importante, le pouvoir de faire des ordonnances à cet effet était la loi suprême, la loi de conservation, et pouvait déroger aux lois déjà portées. D'ailleurs ce pouvoir ici ne dérogerait à aucune loi, car quelle est la loi qui dit qu'il n'y aura pas et qu'il ne pourra pas y avoir de budget en 1831, si le Roi ne change pas ses Ministres ? Cette étrange proposition peut bien avoir été votée par la dernière Chambre des Députés, mais elle ne l'a pas été par les Pairs ; elle n'a été ni proposée, ni sanctionnée par le Roi. La Charte dit, il est vrai, qu'aucun impôt ne pourra être levé s'il n'a été voté par les Chambres ; mais le législateur a dû penser, ainsi que M. Royer-Colard, qu'il ne s'agissait ici que d'amendemens, que de modifications au budget, que d'empêcher qu'on levât quelqu'impôt en dehors du budget ; il a dû croire que le budget n'était pas plus l'affaire du Roi que celle des Chambres ; que c'était l'affaire de la nation, puisqu'il s'agissait de son existence même. Il n'a pu prévoir qu'une Chambre française voudrait établir en fait qu'elle peut repousser les ministres du Roi et lui en imposer d'autres qui seraient ses propres ministres ; voudrait faire de la France une république, en détruisant la Charte et la royauté, cette royauté indépendante qui a protégé nos pères, et de laquelle la France a reçu tout ce qu'elle a jamais eu de liberté et de bonheur. Mais je me trompe, le législateur a prévu et a dû prévoir ce désordre ; car tout ce qui vient de l'homme est imparfait et périssable. Il a prévu que l'un des pouvoirs pourrait vouloir usurper les prérogatives de l'autre ; que la sûreté de l'État pourrait être compromise par l'absence de lois nécessaires, telles qu'est celle du budget. Il a placé dans la Charte un article qui pût, comme une planche après le naufrage, sauver la société. Il a investi la puissance souveraine, le chef suprême de l'État, du pouvoir de sauver l'État, du droit de faire des ordonnances pour sa sûreté ; il a reconnu et a dû reconnaître que le salut public était la suprême loi.

Nous le répétons, nous désirons que le pouvoir démocratique reparaisse avec des sentimens plus conformes à l'esprit de la constitution, et cela dans l'intérêt des libertés publiques comme dans celui de la monarchie. Mais si l'esprit de vertige, si les théories absurdes de la souveraineté du peuple venaient à l'emporter dans la Chambre sur les principes conservateurs de l'ordre, ce serait alors, nous le disons avec M. Royer-Colard, qu'à bon droit et bien sûr d'être entendu, le Roi s'adresserait à son peuple pour sauver l'État, la monarchie et les libertés publiques. Le Roi ne rendrait pas son épée, comme l'a dit un loyal député de la gauche, qui sans doute est opposé au ministère Polignac, mais qui croit que l'opposition utile au Roi comme aux citoyens, est celle qui consiste à surveiller les actes des ministres, à critiquer leur administration, à éclairer le souverain et à refuser les lois qu'on ne croit pas bonnes, avantageuses au pays ; mais non celle qui s'attaque si brusquement aux personnes mêmes dont le monarque a fait choix selon sa prérogative, qui refuse de concourir avec le Gouvernement et de voter les bonnes lois, les lois nécessaires à l'État ; qui cherche à ravir au Roi toutes ses prérogatives, et à mettre dans les chambres toute l'administration, l'initiative et la sanction des lois, le droit de déclarer la guerre, de faire toute espèce de traités, en soumettant toutes ces choses à des ministres qui ne sont choisis que d'après leurs désirs et qui dépendent entièrement d'elles. Nous le disons aux électeurs : ce n'est pas tant du ministère Polignac qu'il s'agit dans le choix des députés qui vont composer la nouvelle chambre, il s'agit surtout de la monarchie, des libertés publiques, de l'existence même de la société.

FIN.